CONRAD K. BUTLER

Die Passagierflugzeuge der Welt

Die Bedeutung des Luftverkehrs für die Entwicklung der heutigen Welt ist unbestreitbar. Schätzungen zufolge beförderten Flugzeuge allein im Jahr 2019 über 4,5 Milliarden Passagiere. Die Luftfahrt ist nicht nur ein Transportmittel, sie ist auch ein riesiger Industrie, Technologie und Wissenschaftszweig und eine der treibenden Kräfte unserer Zivilisation. Es lohnt sich daher, einen Blick auf die Maschinen zu werfen, die die Geschichte und Gestalt des Luftfahrtmarktes, wie wir ihn heute kennen, überdurchschnittlich geprägt haben.

Airbus A300

Die Liste beginnt mit dem ersten vom Airbus-Konsortium geschaffenen Flugzeug: dem zweistrahligen Großraumflugzeug Airbus A300. Airbus besiegelte sein Debüt mit dem Aufschlagen einer neuen Seite in der Geschichte der Luftfahrt: Die A300 war das erste Großraumflugzeug mit zwei Triebwerken (bis dahin war diese Kategorie nur Flugzeugen mit drei oder vier Triebwerken vorbehalten). Dieses Flugzeug war eine spezifische Reaktion auf die Bedürfnisse der Fluggesellschaften, die angesichts der damaligen Treibstoffkrise einen günstigeren, zweistrahligen Langstreckenjet benötigten. Während der 36-jährigen Produktion des A300-Modells wurden mehr als 560 Exemplare dieses Flugzeugs hergestellt. Viele von ihnen fliegen noch heute.

IranAir
EP-IBD
A300

Airbus A380

Die Präsenz des Airbus A380 ist unbestreitbar. Es ist derzeit die größte Maschine zur Personenbeförderung weltweit. Dieser Riese erschien Mitte 2005 auf dem Markt. Der A380 ist geworden Eine Legende fast wie die Boeing 747. In vielerlei Hinsicht übertrifft sie sogar den berühmten Jumbo Jet: Sie nimmt an Bord (oder den Decks, weil der A380 aus zwei Ebenen besteht) sogar 853 Passagiere auf, und ihr Abfluggewicht ist gestiegen bis 590 Tonnen. Allerdings ist dies nur die Spitze des Eisbergs, denn der A380 hält zahlreiche Flugrekorde. Wir glauben, dass der A380 auf lange Sicht eine Legende wie der Jumbo Jet werden wird.

Emirates
الإمارات
EXPO 2020 DUBAI UAE
www.emirates.com

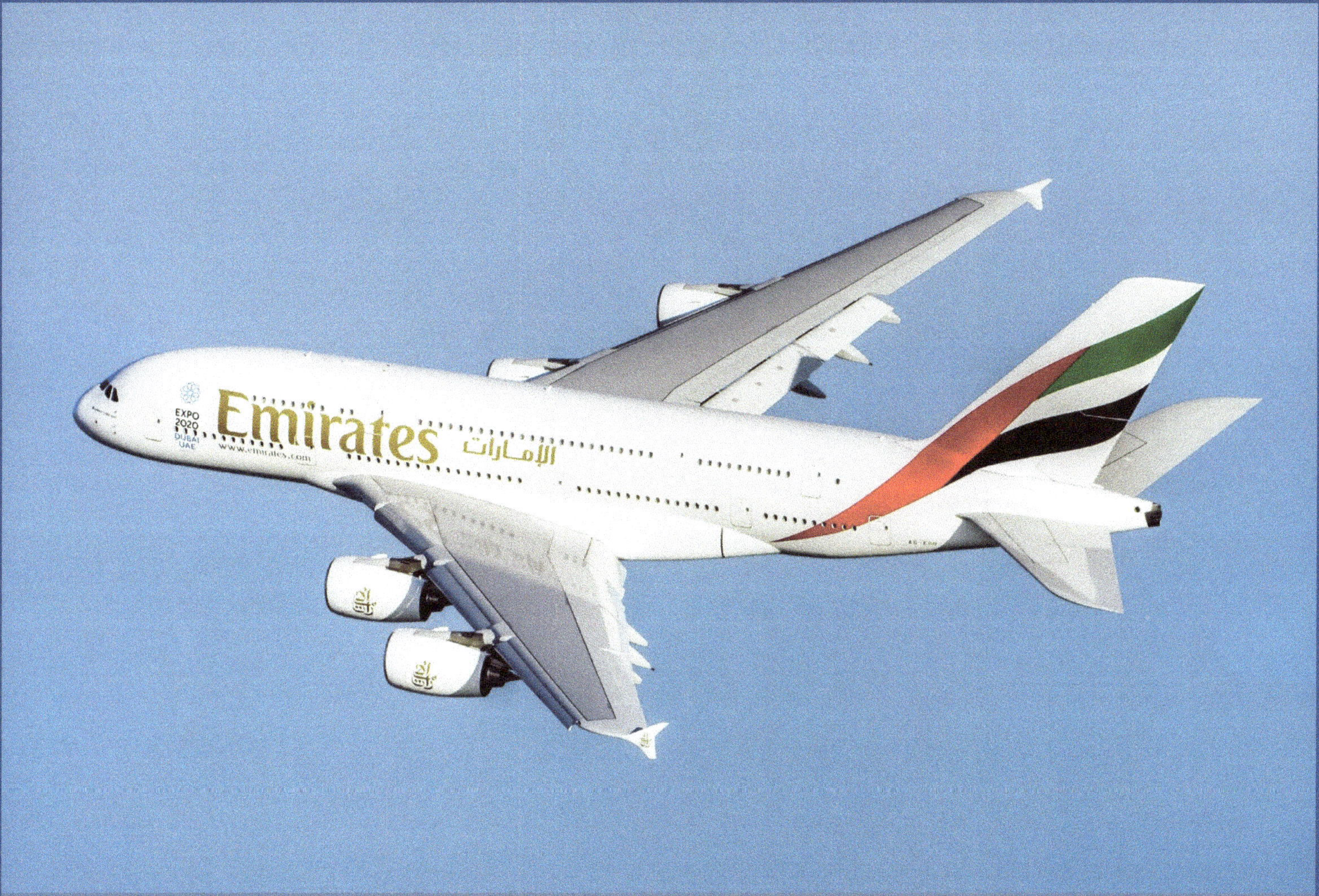

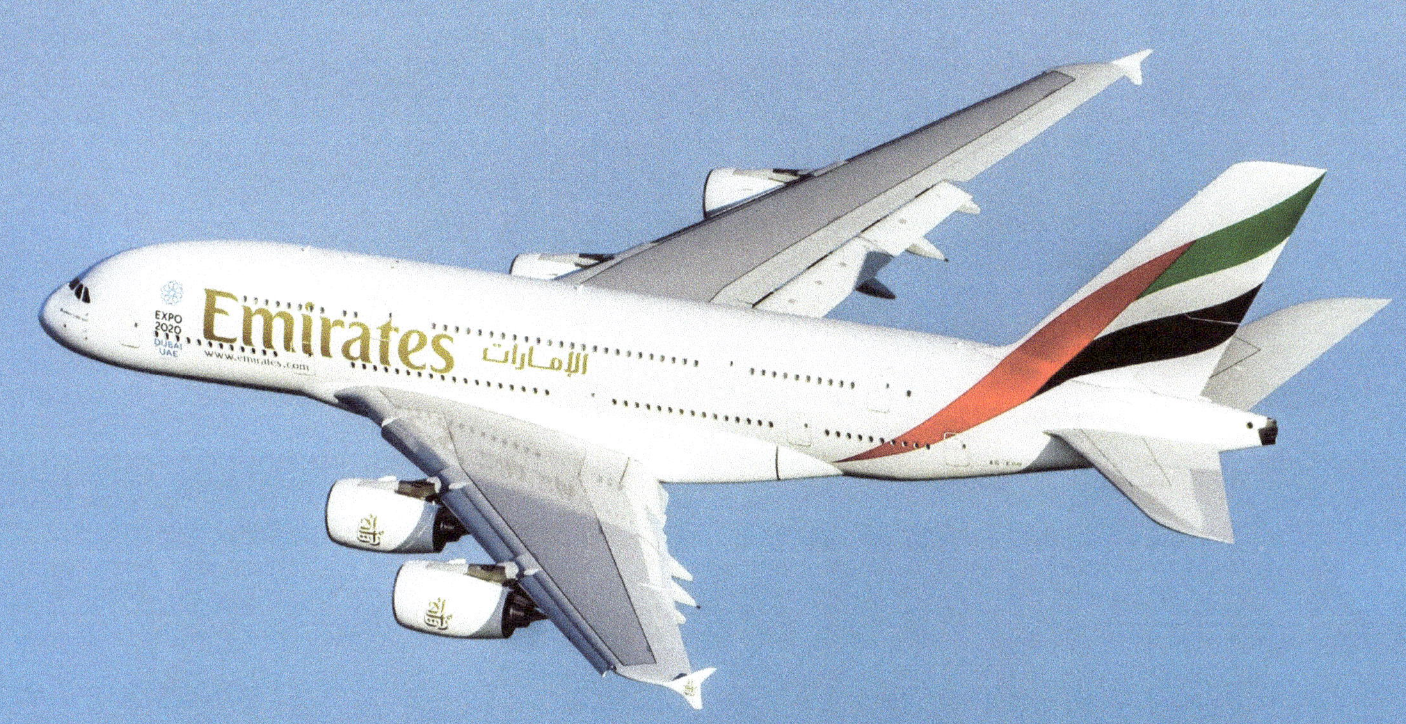

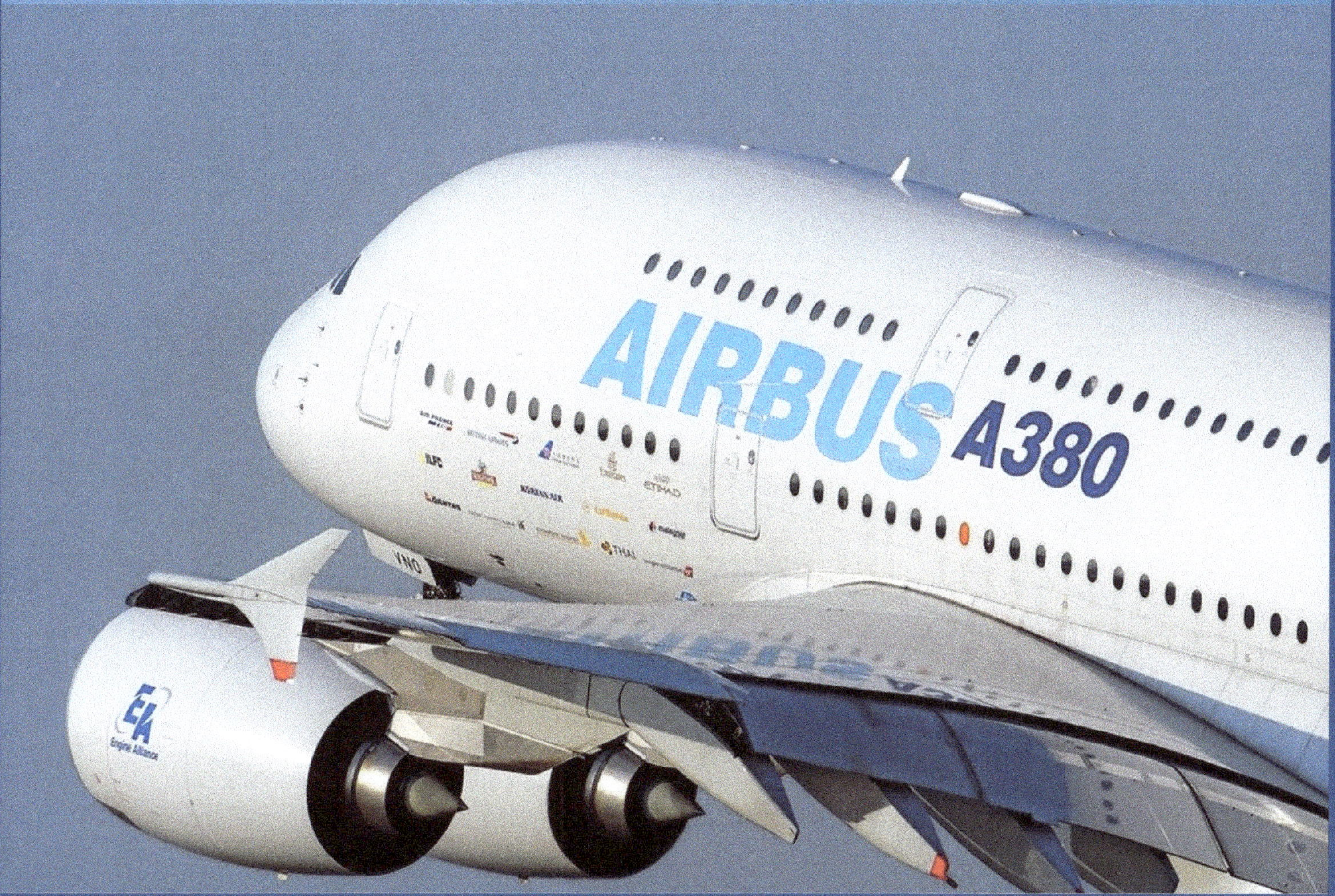
AIRBUS A380
EA
Engine Alliance

Boeing 777

Die Boeing 777 ist derzeit das größte zweimotorige Flugzeug. Es wird seit 1993 kontinuierlich produziert und ist in einer Stückzahl von mehr als 1.600 Exemplaren vom Band gelaufen. Für die Bedürfnisse dieses Giganten wurde das größte und leistungsstärkste Triebwerk der zivilen Luftfahrt geschaffen: General Electric GE90 mit einem Schub von bis zu 514 kN und einem Durchmesser von 3,53 Metern im Gehäuse (das ist mehr als der Durchmesser der gesamten Boeing). 737-Rumpf!).
Die Bedeutung dieses Flugzeugs wird oft unterschätzt. Boeing bewies damit, dass zweimotorige Maschinen, die deutlich günstiger im Betrieb sind, Rekordreichweiten erreichen und eine ähnliche Anzahl an Passagieren befördern können wie viermotorige Flugzeuge.

Concorde

Concorde ist zweifellos eine der Luftfahrtikonen nach dem Zweiten Weltkrieg. Dieses Flugzeug ist das Ergebnis einer Zusammenarbeit zwischen britischen und französischen Ingenieuren. Ihre Arbeit ist die Verwirklichung der Träume einer schnellen Bewegung zwischen den Kontinenten. Dazu war es notwendig, die Schallgeschwindigkeit zu überschreiten. Die Bewältigung der mit der Wellenkrise einhergehenden Phänomene erforderte jedoch die Konstruktion einer Flugzeugzelle, die sehr widerstandsfähig gegen hohe Temperaturen und leistungsstarke Motoren ist, die große Mengen Treibstoff verbrauchen. Dies machte die Concorde enorm teuer und ihre Betriebskosten sehr hoch. Designer der größten Mächte der Luftfahrtindustrie bereiten Konzepte für Flugzeuge vor, die ebenso schnell, aber viel kostengünstiger im Betrieb sind. Vielleicht gelingt es uns bald wieder, an Bord eines Passagierflugzeugs die Schallgeschwindigkeit zu überschreiten.

Boeing 707

Dieses Flugzeug ist das erste Passagierflugzeug, das einen echten kommerziellen Erfolg erzielte. Dank dieser Maschine ist Boeing zum Weltmarktführer aufgestiegen und hat seine Konkurrenten Lockheed und Douglas vom Podest verdrängt. Aus der Boeing 707 wurde das Flugzeug, das der erste Linienjet werden sollte: der De Havilland Comet. Die Boeing 707 absolvierte 1954 ihren Erstflug und wurde bis Ende der 1970er Jahre produziert. In dieser Zeit liefen etwas mehr als 1.000 dieser Flugzeuge vom Band. Dutzende davon fliegen noch heute!

De Havilland Comet

Der De Havilland-Komet ist ein einzigartiges Flugzeug. Es ist das erste Passagierflugzeug, das von Fluggesellschaften weltweit eingesetzt wird. Trotz vieler zukunftsweisender Lösungen konnte es am Markt keinen großen Erfolg erzielen. Dies lag vor allem an den Problemen, mit denen das Bauwerk zu kämpfen hatte: Konstruktions- und Designfehler, die zumindest zu einigen Katastrophen führten. Erst spätere Versionen des Comet wurden zu den Jets, auf die sich immer mehr Kunden verließen. Doch es war zu spät: Ein Rivale aus Seattle lauerte um die Ecke und hatte ein Ass im Ärmel: die Boeing 707. Von der Comet wurden 125 Exemplare produziert. Das Flugzeug nahm bis zu 81 Passagiere an Bord auf. Bis heute hat kein Komet überlebt; er kann nur in Museen bewundert werden.

Boeing 747 "Jumbo Jet"

Die Boeing 747 ist eines der beliebtesten Flugzeuge der Welt. Die Maschine mit dem markanten Buckel ist das erste Großraumflugzeug der Welt. Sie ist eine Ikone der amerikanischen Ära des „American Dream" – die 747 hat es uns ermöglicht, mehr und besser zu erreichen. Es nimmt bis zu 600 Passagiere an Bord auf und ermöglicht einen Flug von bis zu 14.000 Kilometern ohne Auftanken. Diese Möglichkeiten haben nicht nur Hunderte von Fluggesellschaften auf der ganzen Welt überzeugt. Obwohl der Jumbo Jet aus technischer Sicht keinen großen Fortschritt darstellte, trugen seine Symbolik, Popularität und niedrigen Betriebskosten zur Popularisierung des Luftverkehrs bei.

The 'family' of the Airbus A320

Ein weiterer Punkt auf unserer Liste ist die Airbus A320-Flugzeugfamilie. Die Ende der 1980er Jahre auf den Markt gebrachte Flugzeugserie stand fast 30 Jahre lang im Schatten der berühmten Boeing 737. Heute ist die A320-Familie für den Welttransport genauso wichtig wie die bereits erwähnte 737. Dies belegen die Aufzeichnungen über Bestellungen und Verkäufe dieser Maschinen. Bisher wurden mehr als 9.000 Exemplare ausgeliefert und Tausende weitere warten auf ihren Platz am Band. Die A320-Serie ist auch aus einem anderen Grund wichtig. Es handelt sich um eine kleine technologische „Revolution", die mit der Markteinführung der ersten Maschine dieser Art stattfand.

Boeing 737

Wenn Sie mit dem Flugzeug irgendwohin geflogen sind, ist die Wahrscheinlichkeit hoch, dass es sich um eine Boeing 737 handelte. In den 50 Jahren ihrer Produktion wurden mehr als zehntausend dieser Maschinen hergestellt und seitdem haben sie über 10 Milliarden Passagiere und Millionen Tonnen befördert Ladung. Der Entwicklung der 737 ist es zu verdanken, dass die Bedeutung des Luftverkehrs seit den 1970er Jahren so stark zugenommen hat. Die Boeing 737 ist ein Schmalrumpfflugzeug zur Beförderung von Passagieren über kurze und mittlere Distanzen. Das Projekt entstand in den 1960er Jahren in den USA als Reaktion auf die wachsende Nachfrage amerikanischer Passagiere nach schnellen Reisen über mehrere tausend Kilometer. Es stellte sich schnell heraus, dass diese Art des Reisens nicht nur in den USA, sondern auch im Rest der Welt geschätzt wurde.

POLISH AIRLINES
LOT
BOEING BUSINESS JETS
B737MAX7

Lockheed L-1011 TriStar

Die L-1011 TriStar ist ein solides Stück Luftfahrtgeschichte, denn das Langstreckenflugzeug von Lockheed Martin war zum Zeitpunkt seiner Premiere die technisch fortschrittlichste Passagiermaschine der Welt. Doch die Konkurrenz durch die Boeing 747 oder die McDonnell Douglas DC-10 erwies sich als zu stark und die Lockheed Martin L-1011 TriStar erlangte keine große Popularität. Das Unternehmen produzierte 250 Einheiten dieses Modells, es war aber auch sein erstes und letztes ziviles Verkehrsflugzeug, das letztendlich Verluste in Höhe von 2,5 Milliarden US-Dollar verursachte.

auch prüfen:

und vieles mehr!

f /conradpublishing